STATUTS

DE LA MANUFACTURE DES GLACES

ET PRODUITS CHIMIQUES

DE SAINT-GOBAIN, CHAUNY, CIREY ET MANHEIM

PARIS

IMPRIMERIE RENARD ET Cⁱᵉ, PASSAGE DU CAIRE, 2

Statuts

DE LA SOCIÉTÉ ANONYME

DE LA MANUFACTURE DES GLACES

ET PRODUITS CHIMIQUES

DE SAINT-GOBAIN, CHAUNY, CIREY ET MANHEIM

STATUTS

DE LA SOCIÉTÉ ANONYME

DE LA MANUFACTURE DES GLACES

ET PRODUITS CHIMIQUES

DE SAINT-GOBAIN, CHAUNY, CIREY ET MANHEIM

PARIS

IMPRIMERIE BÉNARD ET Cᵉ, PASSAGE DU CAIRE, 2.

—

1857

Par devant M^e

et son collègue

Ont comparu :

MM. HÉLY d'OISSEL (Antoine-Pierre) *Président*,

Le comte de KERSAINT (Armand-Guy-Charles de Coëtnempren),

PÉAN de SAINT-GILLES (Amand-Louis-Henry),

PELOUZE (Théophile-Jules),

BOUTRON (Antoine-François),

Le prince de BROGLIE (Jacques-Victor-Albert),

GÉRARD (Alexandre-Louis-Marie),

DE FRESNE (Adolphe-Marcellin),

BROCHANT de VILLIERS (André-Louis-Gustave),

Administrateurs et censeurs composant le conseil d'administration de la Société anonyme de la Manufacture des Glaces de Saint-Gobain,

Lesdits administrateurs et censeurs agissant en vertu des pouvoirs qui leur ont été conférés par l'Assemblée générale de ladite Société du 9 août 1855;

Et MM. CHEVANDIER de VALDRÔME, Jean-Auguste, *Président.*

Le Baron ROEDERER (Antoine-Marie),

DESROUSSEAUX de MEDRANO (Louis-Philippe),

De GUAITA (François-Marie-Joseph-Etienne),

DESROUSSEAUX (Louis-Charles-Edouard),

MERCIER (Thomas-Louis),

CHEVANDIER ᴅᴇ VALDRÔME (Jean-Pierre-Eugène-Napoléon),

Le baron GOURGAUD (Louis-Marie-Napoléon-Sainte-Hélène),

CHEVANDIER ᴅᴇ VALDRÔME (Georges-François-Auguste),

DESROUSSEAUX (Charles–Auguste-Adolphe),

GAGNEUR (Frédéric),

Administrateurs et censeurs composant le conseil d'administration de la Société anonyme de la Manufacture des Glaces de Saint-Quirin, Cirey et Monthermé,

Lesdits administrateurs et censeurs agissant également en vertu des pouvoirs qui leur ont été conférés par l'Assemblée générale de ladite Société du 7 août 1855 ;

Lesquels ont dit :

Qu'un projet de réunion des deux Sociétés de Saint-Gobain et de Saint-Quirin en une seule a été l'objet d'une convention arrêtée entre les parties le 21 juin 1855, et soumise à l'approbation des Assemblées générales des deux Sociétés les 7 et 9 août 1855, ainsi que les Statuts modifiés de la Société de Saint-Gobain qui, aux termes de l'article 12 de ladite convention, doivent être les Statuts de la nouvelle Société ;

Que l'Assemblée générale de la Société de Saint Gobain, délibérant le 9 août 1855 conformément à l'article 49 de ses Statuts, a, à l'unanimité, approuvé ladite convention, et les modifications aux Statuts qui en étaient la conséquence, et donné pouvoir au conseil d'administration de Saint-Gobain, agissant de concert avec le conseil d'administration de Saint-Quirin, de présenter à l'approbation du gouvernement la rédaction définitive sur laquelle les deux Compagnies seraient tombées d'accord, et de consentir tous les changements, retranchements ou additions qui pourraient être exigées par lui ;

Que les actionnaires présents à ladite Assemblée représentaient, soit par eux-mêmes, soit en vertu de pouvoirs réguliers. . . . 574 actions.

Que depuis, et par diverses adhésions dont il a été justifié auprès du gouvernement, le nombre des adhésions s'est élevé à . . , ... 408

Ce qui, avec les 39 actions appartenant à la Société, ci . 39

présente un total de. 1,021 actions, représentant plus des trois-quarts des actions de la Société.

Qu'ainsi, il a été pleinement satisfait aux conditions prescrites par l'article 49 des Statuts, pour les cas où la délibération de l'Assemblée générale aurait pour but, soit la prolongation de la Société, soit sa reconstitution sur de nouvelles bases ;

Que l'Assemblée générale de la Société de Saint-Quirin, réunie le 7 août 1855, a pareillement approuvé à l'unanimité la convention du 21 juin, et donné à son conseil d'administration ou aux délégués qu'il désignerait les pouvoirs nécessaires pour présenter les Statuts modifiés de la Société de Saint-Gobain à l'homologation du gouvernement, et consentir les changements qu'il pourrait exiger.

Que les actionnaires présents à ladite Assemblée représentaient, soit par eux-mêmes, soit en vertu de pouvoirs réguliers. . . . 955 actions.

et que, depuis, le seul actionnaire possesseur de 5 actions, qui n'était ni présent, ni représenté, a envoyé une adhésion qui a été adressée au gouvernement, ci 5

Ce qui porte le nombre total des adhésions à . . . . . . 960 actions.

En conséquence, lesdits comparants, agissant en vertu de leurs pouvoirs, arrêtent la rédaction définitive des Statuts de la nouvelle Société ainsi qu'il suit.

STATUTS

DE LA SOCIÉTÉ ANONYME

DE LA MANUFACTURE DES GLACES

ET PRODUITS CHIMIQUES

DE SAINT-GOBAIN, CHAUNY, CIREY ET MANHEIM

TITRE PREMIER.

Formation de la Société, son siége, sa durée.

ARTICLE PREMIER.

Une Société anonyme est formée entre tous les intéressés dans les deux Sociétés actuelles appelées : *Manufacture des Glaces de Saint-Gobain* et *Manufacture de Glaces et de Verres de Saint-Quirin, Cirey et Monthermé.*

ART. 2.

Cette Société prend la dénomination de :

Manufactures des Glaces et Produits chimiques de Saint-Gobain, Chauny, Cirey et Manheim.

ART. 3.

Le siége de la Société est fixé à Paris.

ART. 4.

La durée de la Société sera de quatre-vingt-dix-neuf ans, à partir du décret impérial portant approbation des présents Statuts.

Art. 5.

La Société a pour objet la fabrication des glaces et des produits chimiques.

Elle pourra aussi exploiter toutes les branches d'industrie qui se rattachent à ces objets principaux ; toutefois, quant aux nouvelles exploitations, elles ne pourront être entreprises qu'avec l'approbation du conseil extraordinaire créé par le titre VII des présents Statuts.

TITRE II.

Du Fonds social.

Art. 6.

Le fonds social se compose :

1° De toutes les propriétés foncières rurales et urbaines de quelque nature qu'elles soient, terrains, emplacements, bâtiments d'habitation et d'exploitation, ateliers, magasins et constructions quelconques, chutes d'eaux, canaux, chemins de fer et généralement de tous les biens immeubles par nature ou par destination appartenant aux deux Sociétés réunies, au jour de l'approbation des présents Statuts ;

2° De tous les meubles meublants, outils, ustensiles, appareils, machines, manéges, chevaux et bestiaux, et autres objets mobiliers composant le matériel à l'usage des exploitations ;

3° De tous les approvisionnéments et matériaux divers, de tous les produits fabriqués ou en cours de fabrication, du numéraire, des effets en portefeuille, et de toutes les créances et valeurs actives des deux Sociétés.

Desquels objets mobiliers et immobiliers de toute nature composant le fonds social, un inventaire descriptif est demeuré annexé à la minute des présentes après avoir été certifié véritable par les comparants.

Dans le fonds social devra toujours figurer une somme en valeurs disponibles suffisante pour assurer le service pendant neuf mois, et qui ne pourra, dans aucun cas, être inférieure à six millions. On entend ici par valeurs disponibles, l'argent, les effets publics ou de commerce et les matières à consommer dans les fabrications.

Art. 7.

Les comparants, ès-noms qu'ils agissent, déclarent que les immeubles ci-dessus mis en Société sont francs, quittes et libres de toutes dettes, priviléges, hypothèques et actions résolutoires quelconques, ainsi que du tout ils s'engagent à justifier par la remise des titres, pièces de purge et certificats de bureaux d'hypothèques nécessaires.

TITRE III.

Des Actions.

Art. 8.

La propriété de tout l'avoir social se divise en trois mille six cents actions, dont deux mille trois cent quatre appartiennent aux intéressés dans l'ancienne Société de Saint-Gobain, et neuf cent soixante aux intéressés dans l'ancienne Société de Saint-Quirin, Cirey et Monthermé; trois cent trente-six restent à la souche et ne pourront être émises qu'en vertu d'une délibération du conseil extraordinaire.

Art. 9.

Chaque action est indivisible. Toutefois, l'ancienne Société de Saint-Gobain étant propriétaire de trente-neuf et demie de ses propres actions, représentées par soixante-dix-neuf actions de la Société nouvelle, lesdites soixante-dix-neuf actions seront temporairement divisées en coupons et distribuées sous cette forme aux actionnaires actuels de Saint-Gobain, ainsi qu'il sera expliqué au titre des dispositions transitoires.

Art. 10.

A l'effet de fixer d'une manière positive les droits des intéressés, soit dans les anciennes Sociétés, soit dans la nouvelle, un tableau de ces droits, arrêté par les deux conseils d'administration, restera déposé à la suite des présentes.

ART. 11.

Les actions sont numérotées de un à trois mille six cents.

Elles sont nominatives.

Elles sont extraites d'un registre à souche, signées par deux administrateurs, tant sur l'extrait délivré à chaque actionnaire que sur la souche, et frappées du timbre de la Société.

ART. 12.

Chaque action a droit à un trois mille six centième de l'actif social, et, dans la même proportion, au partage des bénéfices qui aura lieu chaque année d'après le résultat de l'inventaire, à l'époque et de la manière qui seront déterminées ci-après à l'art. 28.

ART. 13.

La possession d'une action emporte adhésion aux Statuts de la Société.

ART. 14.

Tout actionnaire devra faire élection de domicile à Paris.

A défaut d'élection par l'actionnaire, le domicile sera élu de plein droit au siége de la Société.

Cette élection est attributive de juridiction aux tribunaux du département de la Seine.

ART. 15.

Dans le cas du décès de l'un des intéressés, il ne pourra être apposé aucun scellé, provoqué aucun inventaire, ni fait aucun acte qui puisse troubler ou entraver les opérations de la Société, les représentants ou ayant-droit de la personne décédée devant s'en rapporter aux inventaires sociaux.

Les actions étant indivisibles, en cas de mort d'un des actionnaires, ses héritiers, succédant à ses droits, seront tenus de désigner celui d'entre eux qui, durant l'indivision de l'héritage, devra représenter la succession de l'actionnaire décédé.

Art. 16.

Les actions seront transférables; mais nul transfert ne sera valable à l'égard de la Société, et reconnu par elle, qu'autant que, conformément à l'art. 36 du code de commerce, il aura été fait sur un registre de transferts, par une déclaration signée du cédant et du cessionnaire ou de leurs mandataires spéciaux ; cette déclaration sera visée par deux administrateurs.

Quelles que soient les conventions particulières intervenues entre le vendeur et l'acquéreur, tout paiement de dividende ou de répartition du fonds de réserve qui n'aurait pas été opéré avant le transfert, ne pourra être fait qu'entre les mains du nouveau titulaire.

Art. 17.

Le titre transféré sera annulé, et un nouveau titre portant le même numéro sera délivré au cessionnaire.

Art. 18.

Dans le cas de perte du titre d'une action, le propriétaire pourra en demander un nouveau, la demande sera faite par écrit et enregistrée en marge de la souche de l'action.

Six mois après cet enregistrement, et si dans l'intervalle il n'est par survenu d'opposition, il sera délivré au réclamant un nouveau titre par duplicata, portant le numéro de l'ancien qui deviendra nul et sans effet; sur la souche de ce nouveau titre, l'actionnaire en donnera un récépissé contenant engagement de restituer l'ancien titre s'il était retrouvé, afin qu'il soit annulé.

Art. 19.

Si le cédant d'une action, celui qui aurait perdu son titre ou leurs mandataires n'étaient pas suffisamment connus, leur individualité devra être attestée par deux témoins connus de l'administration ou par un agent de change de Paris, au choix de la personne qui aura à justifier de son individualité.

L'intervention de la Compagnie au transfert ou à la délivrance du nouveau titre, n'emporte d'ailleurs de sa part aucune garantie, soit envers le cessionnaire ou le cédant, soit envers le titulaire ancien de l'action, soit envers les tiers.

TITRE IV.

De l'administration.

Art. 20.

La gestion des affaires de la Société est confiée à un conseil composé de douze membres.

Il faut être titulaire d'au moins six actions pour être administrateur.

Il faut en outre être âgé de vingt-cinq ans révolus.

Art. 21.

Les administrateurs sont nommés par l'Assemblée générale des actionnaires.

La durée de leurs fonctions est de six ans.

Chaque année deux des administrateurs cessent leurs fonctions, et il en est nommé deux nouveaux.

Les administrateurs sortant peuvent être indéfiniment réélus.

Les administrateurs sont révocables, conformément à l'art. 31 du Code de commerce.

Une disposition transitoire pourvoit à la première organisation du conseil d'administration.

Art. 22.

Le conseil d'administration nomme dans son sein un président et un ou deux vice-présidents; en leur absence, l'administrateur le plus âgé préside.

Le conseil se réunit lorsque les affaires l'exigent et au moins une fois par semaine.

Il est tenu registre de ses délibérations.

Art. 23.

Les délibérations sont prises à la majorité, et cette majorité doit être formée de cinq voix au moins, en sorte que si cinq membres seulement assistaient à la réunion, l'unanimité serait nécessaire pour former la délibération.

En cas de partage, la voix du président est prépondérante.

Art. 24.

Il est alloué à chaque administrateur dont la présence est constatée par sa signature au procès-verbal d'une séance, un jeton dont la valeur est fixée par l'Assemblée générale.

Art. 25.

L'administrateur qui voyage pour les affaires de la Société reçoit la moitié d'un jeton par chaque jour d'absence, outre le remboursement de tous ses frais de voyage.

L'administrateur qui est chargé d'un service spécial peut recevoir une indemnité annuelle ou temporaire qui est fixée par le conseil d'administration. Cette mesure ne peut être prise qu'en vertu d'une délibération du conseil extraordinaire.

TITRE V.

Fonctions des administrateurs.

Art. 26.

Le conseil d'administration a la gestion et la direction générale des affaires de la Société.

Il nomme et révoque les agents, directeurs, caissiers et autres employés.

Il fixe les appointements, traitements et salaires, ainsi que les gratifications qu'il croit devoir accorder à titre d'encouragement ou de récompense.

Il détermine les attributions des divers employés et surveille l'exécution de ses délibérations.

Il a la direction et la haute surveillance de la fabrication et des opérations commerciales ; il détermine les achats et les ventes, et il s'assure que les paiements et les recouvrements sont exactement effectués.

Il surveille la comptabilité, pour laquelle les livres énoncés aux art. 8 et 9 du Code de commerce ainsi que les livres auxiliaires jugés nécessaires, sont tenus en parties doubles, régulièrement et à jour.

Il décide s'il y a lieu de proposer à l'Assemblée générale une répartition de bénéfices entre les actionnaires et en fixe les époques de paiement.

Tous les engagements que prend le conseil d'administration doivent résulter d'une délibération ; les actes ou conventions qui en sont la conséquence, s'ils ne sont pas confiés à un agent délégué par le conseil, doivent être revêtus de la signature de deux administrateurs au moins.

La correspondance que le conseil juge à propos de tenir lui-même est revêtue du même nombre de signatures.

Il exerce, au nom de la Société, toutes actions à elle appartenant devant les tribunaux compétents et dans tous les degrés.

Il défend pareillement à toutes celles qui seraient dirigées contre la Société.

Il transige et compromet sur toutes contestations et difficultés.

Dans l'intérêt de la Société, il forme toutes oppositions et prend toutes inscriptions hypothécaires ; il en consent la main-levée et les radiations partielles ou définitives. Ce pouvoir s'étend aux oppositions et inscriptions prises au profit des deux anciennes Sociétés.

Il représente, en un mot, la Société dans tous les cas et pour toutes choses, et il fait tous les actes de gestion qui appartiennent au titre d'administrateur.

Il peut faire, pour un temps limité, le placement à intérêts des capitaux qui ne seraient pas nécessaires au roulement de l'entreprise ; dans le choix des placements, il aura invariablement pour principe de préférer les plus sûrs, lors même que l'intérêt serait moins élevé.

TITRE VI.

Comptes annuels, inventaires, emploi des bénéfices, fonds de réserve.

ART. 27.

Chaque année, à la fin de décembre, le conseil d'administration dressera :

1° L'inventaire des valeurs actives et passives de la Société ;

2° Le compte des recettes et des dépenses présentant le solde en bénéfices ou en pertes.

Ces comptes seront arrêtés au trente-un décembre.

ART. 28.

Sur les bénéfices qui se composent de l'excédant des recettes annuelles sur les dépenses aussi annnelles, il sera fait, avant toute distribution de dividende, un prélèvement qui ne pourra être inférieur à cinq pour cent, pour la formation et l'entretien d'un fonds de réserve destiné à faire face aux dépenses imprévues et à couvrir au besoin les pertes du fonds social.

Ledit prélèvement pourra être suspendu par délibération du conseil extraordinaire, lorsque le fonds de réserve aura atteint quatre millions. Il reprendra son cours aussitôt que le fonds de réserve descendra au dessous de ce chiffre.

Le surplus des bénéfices est réparti à titre de dividende entre tous les actionnaires.

Lorsque le fonds de réserve aura été porté par des prélèvements successifs au delà de quatre millions, l'Assemblée générale aura le droit, sur la proposition du conseil d'administration et l'avis du conseil extraordinaire, d'ordonner la répartition partielle ou totale de cet excédant entre les actionnaires.

TITRE VII.

Du Conseil extraordinaire et des actionnaires délégués.

Art. 29.

Il est créé un conseil extraordinaire composé des douze administrateurs et de huit actionnaires délégués par l'Assemblée générale, entre ceux qui ont droit d'y assister.

Art. 30.

Ces huit délégués des actionnaires sont nommés pour quatre années et renouvelés par quart, d'année en année; ils pourront être indéfiniment réélus.

Art. 31.

Le conseil extraordinaire est institué pour agir dans les cas ci-après déterminés.

Il sera présidé par le président du conseil d'administration qui aura voix prépondérante en cas de partage.

Art. 32.

Il sera réuni nécessairement un mois avant la tenue de l'Assemblée générale, à l'effet de prendre connaissance de l'inventaire et des comptes annuels qui lui seront présentés par le conseil d'administration, et de procéder à leur règlement provisoire.

Il ne pourra délibérer sur ce règlement provisoire, qu'après que l'inventaire et les comptes auront été soumis à l'examen et à la vérification des huit actionnaires délégués, ainsi qu'il sera dit en l'art. 39 ci-après :

Il déterminera chaque année, sur le vu desdits comptes et inventaires ainsi vérifiés, le taux auquel il conviendra de fixer, en ayant égard à la limite posée par l'art. 28 ci-dessus, le prélèvement à opérer sur les bénéfices pour la constitution et l'entretien du fonds de réserve.

Art. 33.

L'approbation du conseil extraordinaire est nécessaire et devra être demandée par le conseil d'administration :

1° Pour toute acquisition immobilière de plus de dix mille francs et pour toute construction nouvelle donnant lieu à une dépense de plus de trente mille francs;

2° Pour toute aliénation d'immeuble d'une valeur moindre de dix mille francs, étant entendu qu'aucun immeuble d'une valeur égale ou supérieure à ce chiffre ne pourra être aliéné sans l'autorisation de l'Assemblée générale;

3° Pour la conclusion de tous traités à faire dans l'intérêt général de la Société et qui excèderaient les pouvoirs ordinaires du conseil d'administration, tels qu'ils sont déterminés par l'article 26 ci-dessus.

Art. 34.

La même approbation sera également nécessaire :

1° Pour l'émission partielle ou totale des actions restées à la souche ;

2° Pour l'exploitation de toute nouvelle branche d'industrie ;

3° Pour la création de tout établissement nouveau ;

4° Pour la conclusion de tout emprunt, étant bien entendu que les garanties hypothécaires qui seraient exigées pour sûreté de l'emprunt à contracter, ne pourraient être données qu'en vertu d'une autorisation de l'Assemblée générale.

Art. 35.

Si le conseil d'administration jugeait à propos de faire à l'Assemblée générale une des propositions prévues en l'art. 47 ci-après, il devra en référer auparavant au conseil extraordinaire.

Art. 36.

En cas de décès, démission ou empêchement prolongé de l'un des administrateurs, il sera pourvu à son remplacement provisoire par le conseil extraordinaire.

Art. 37.

Indépendamment de la réunion annuelle du conseil extraordinaire, il pourra être convoqué sur la demande de trois membres au moins du conseil d'administration ou sur celle de trois des actionnaires délégués.

A cet effet, des circulaires seront adressées à chacun de ses membres huit jours au moins avant celui qui aura été fixé pour la réunion; elles indiqueront le lieu, le jour et l'heure de la réunion ainsi que son objet principal.

Art. 38.

Le conseil extraordinaire ne pourra délibérer valablement, s'il n'est composé d'au moins sept administrateurs et cinq actionnaires délégués.

Les délibérations y seront prises à la majorité ordinaire, sauf dans les cas prévus par les art. 34 et 35 ci-dessus où la majorité devra être des deux tiers des membres présents.

Art. 39.

Pour procéder à la vérification des comptes et de l'inventaire, ainsi qu'il est dit en l'art. 32, les huit actionnaires délégués se réuniront en Assemblée particulière.

Ils auront le droit de vérifier, ou de faire vérifier par une commission spéciale prise dans leur sein, tous registres et pièces de comptabilité ainsi que l'état des caisses et magasins, et de visiter au besoin les établissements de la Société, le tout, pour s'assurer de l'exactitude des comptes et de la conformité des opérations faites avec les Statuts.

Ils procèderont à ces vérifications et visites, de concert avec une commission de trois membres désignés par le conseil d'administration dans son sein, pour fournir aux actionnaires délégués tous les éclaircissements qui leur paraîtraient nécessaires.

Ils donneront ensuite au conseil extraordinaire leur avis sur le règlement provisoire des comptes et feront à l'Assemblée générale un rapport sommaire de l'examen et des vérifications qu'ils auront faites.

Toutefois, si l'inventaire et les comptes leur paraissent susceptibles de quelques

observations à faire à l'Assemblée générale, ils seront tenus de communiquer ces
observations au conseil d'administration, dix jours au moins avant ladite Assemblée.

Art. 40.

En cas de décès, démission ou empêchement prolongé de l'un ou plusieurs des
huit actionnaires délégués, ceux qui resteront en exercice pourvoiront à leur
remplacement provisoire.

TITRE VIII.

Dispositions communes aux administrateurs et aux actionnaires délégués.

Art. 41.

Les remplacements provisoires des administrateurs et des actionnaires délégués
faits, aux termes des art. 36 et 40, n'auront d'effet que jusqu'à la première Assemblée
générale qui pourvoira au remplacement définitif.

Art. 42.

Lorsqu'un administrateur ou actionnaire délégué aura été remplacé avant l'expiration du temps pour lequel il avait été élu, le remplaçant n'exercera que pendant
le temps qui restait à courir de l'exercice du remplacé.

Art. 43.

Les administrateurs et les actionnaires délégués ne sont soumis à aucune autre
responsabilité que celle qui résulte de l'exécution de leur mandat.

TITRE IX.

Assemblée générale.

Art. 44.

L'Assemblée générale sera réunie chaque année au siége de la Société, du 20 avril au 30 mai.

La convocation sera faite sur une délibération du conseil d'administration par une circulaire envoyée à Paris au domicile réél ou élu de chaque actionnaire.

Cette circulaire sera adressée au moins un mois avant le jour indiqué pour la réunion.

Art. 45.

Pour être membre de l'Assemblée générale, il faut être titulaire d'au moins cinq actions, et que la propriété en soit acquise au moins deux mois avant le jour de l'Assemblée.

Cinq actions donnent droit à une voix,

Dix actions à deux voix,

Quinze actions à trois voix,

Vingt actions à quatre voix,

Et vingt-cinq actions à cinq voix, sans qu'il soit possible d'en cumuler davantage en son nom personnel.

Art. 46.

Il suffira, en y comprenant les actions appartenant soit aux administrateurs, soit aux actionnaires délégués, que la moitié plus une des actions qui auront le droit de voter soient representées pour que l'Assemblée générale soit régulière, et que sa délibération, prise à la majorité absolue des votes, soit obligatoire pour tous les actionnaires.

Art. 47.

Dans le cas où le conseil d'administration jugerait nécessaire, après avoir pris, conformément à l'art. 35, l'avis du conseil extraordinaire, de proposer à l'Assemblée générale :

La prolongation de la Société au-delà du terme fixé par les Statuts ;

Sa dissolution avant ce terme ;

Sa reconstitution sur de nouvelles bases ;

L'augmentation du capital social ;

Généralement, enfin, toute espèce de changement aux Statuts ;

La délibération ne sera valable qu'autant que ladite Assemblée sera composée des deux tiers au moins des actionnaires ayant droit de voter, et que les changements seront approuvés par les trois quarts des votes des membres présents.

Dans tous ces cas, la circulaire de convocation envoyée un mois à l'avance devra faire mention de l'objet spécial de la réunion.

De plus, si la délibération a pour but, soit la prolongation de la Société, soit sa dissolution, soit sa reconstitution sur de nouvelles bases, soit l'augmentation du capital social, la majorité devra représenter les trois quarts au moins des actions émises de la Société, faute de quoi la décision ne sera mise à exécution qu'autant que des actionnaires n'ayant pas siégé à l'Assemblée générale, qu'ils aient ou non le droit d'y siéger, possédant un nombre d'actions suffisant pour représenter avec la majorité de l'Assemblée les trois quarts des actions émises, y donneraient leur adhésion par écrit.

Enfin, dans le cas où la délibération aurait pour but la prolongation de la Société, les actionnaires qui ne voudraient pas y consentir auront le droit d'exiger le remboursement de la valeur de leurs actions d'après le dernier inventaire.

La demande à cet effet devra être formée dans le délai d'un mois, à partir de la notification qui sera faite à tous les actionnaires, de la décision de l'Assemblée générale

Dans tous les cas, les changements et modifications adoptés devront être soumis à la sanction du gouvernement.

Art. 48.

Tout actionnaire ayant droit de voter pourra se faire représenter à l'Assemblée générale par un mandataire unique pourvu d'un pouvoir régulier.

Nul ne pourra être mandataire s'il n'est actionnaire.

Le mandataire aura à ce titre le même nombre de voix que son commettant, sans que le même actionnaire puisse jamais avoir plus de huit voix tant pour lui-même que pour ses commettants.

Art. 49.

Dans le cas où au jour indiqué pour la réunion de l'Assemblée générale, le nombre d'actions exigé par les art. 46 et 47 pour la validité de ses délibérations, ne s'y trouverait pas représenté, elle sera remise à vingt jours, et il en sera donné avis de suite par une nouvelle circulaire qui devra faire connaître les objets à soumettre à la délibération de l'Assemblée.

Si à la seconde réunion, le nombre d'actions exigé par lesdits art. 46 et 47 ne se trouvait pas représenté, l'Assemblée n'en serait pas moins régulièrement formée, et la délibération qui serait prise à la majorité absolue serait obligatoire pour tous les actionnnaires, quel que soit le nombre de ceux qui y auraient participé, sauf toutefois l'obligation de compléter dans certains cas la majorité obtenue par des adhésions écrites ainsi qu'il est expliqué en l'art. 47.

Art. 50.

Le président de l'Assemblée générale sera désigné par le conseil d'administration ; les huit actionnaires délégués au conseil extraordinaire désigneront un d'entre eux pour remplir les fonctions de secrétaire.

Art. 51.

L'Assemblée générale étant organisée, entendra :

1° Le rapport sommaire qui lui sera fait par l'un des administrateurs des opérations qui ont eu lieu pendant le cours de l'année, lequel renfermera un compte également sommaire de la situation active et passive de la Société;

2° Le rapport sommaire qui lui sera fait par l'un des actionnaires délégués au conseil extraordinaire, de la délibération prise par ce conseil relativement aux comptes et emplois de bénéfices, ainsi que des vérifications et examen auxquels les actionnaires délégués auront procédé, en vertu de l'art. 39 ci-dessus.

Elle arrêtera définitivement les comptes annuels et la quotité du dividende sur la proposition du conseil d'administration ainsi que la répartition du fonds de réserve s'il y a lieu.

Elle procédera aux nominations ou réélections nécessaires pour compléter le conseil d'administration et le conseil extraordinaire.

Enfin elle statuera sur tous les points qui lui seront soumis et pour lesquels son intervention serait nécessaire aux termes des Statuts.

Aucun autre objet que ceux qui seront portés à l'ordre du jour ne poura être mis en délibération; toute proposition faite par un actionnaire, qui n'aurait pas été communiquée quinze jours à l'avance au conseil d'administration sera renvoyée à l'examen du conseil extraordinaire.

ART. 52.

Lorsque les circonstances l'exigeront, il pourra être tenu des Assemblées générales extraordinaires; leur réunion sera convoquée par le conseil d'administration; elle pourra l'être aussi par le conseil extraordinaire; la circulaire de convocation indiquera le principal objet de la réunion.

ART. 53.

Il sera tenu des procès-verbaux des séances de l'Assemblée générale; chaque procès-verbal sera signé par le président, le secrétaire et les autres membres du conseil extraordinaire présents à la séance.

TITRE X.

Dissolution et liquidation

ART. 54.

La dissolution de la Société avant le terme fixé par les Statuts devra être mise en délibération dans les formes prescrites par l'art. 47, si, après épuisement du fonds de réserve, il y avait une perte d'un quart sur le fonds social tel qu'il sera constaté par le premier inventaire de la Société nouvelle.

Si après la perte d'un quart, l'Assemblée jugeait à propos de continuer la Société, et que la perte d'un nouveau quart fut éprouvée, la dissolution aurait lieu de plein droit.

Dans les cas énoncés ci-dessus, le conseil d'administration sera tenu de convoquer immédiatement l'Assemblée générale.

ART. 55.

S'il y a lieu à la liquidation, l'Assemblée générale nommera cinq liquidateurs, dont deux pris parmi les administrateurs, deux parmi les actionnaires et le cinquième indifféremment entre les uns et les autres.

Les commissaires-liquidateurs doivent, tous les six mois, rendre compte de leurs opérations à l'Assemblée générale.

ART. 56.

L'Assemblée générale fera vérifier les comptes qui lui seront rendus, et fera successivement procéder par les liquidateurs à la répartition entre les intéressés, dans la proportion de leurs droits, de ce qui aura été réalisé de l'actif de la liquidation.

Les délibérations des commissaires-liquidateurs seront prises à la majorité des votes des membres présents; en cas de partage, la voix du président sera prépondérante.

TITRE XI.

Dispositions transitoires.

Art. 57.

Les soixante-dix-neuf actions de la Société nouvelle représentant les trente-neuf actions et demie de l'ancienne Société de Saint-Gobain, dont cette Société était propriétaire, sont divisées en coupons, conformément à l'art. 9 ci-dessus, pour être distribués aux actionnaires de Saint-Gobain, d'après le mode suivant :

Chacune de ces actions est divisée en trente coupons, ce qui porte le nombre total des coupons à deux mille trois cent soixante-dix.

Un de ces coupons est joint à chacune des actions nouvelles attribuées aux intéressés de l'ancienne Société de Saint-Gobain, ce qui porte le nombre dés coupons ainsi distribués à deux mille deux cent vingt-cinq.

Les cent quarante-cinq coupons restant demeurent à la souche et figurent dans les apports sociaux faits par la Société de Saint-Gobain à la Société nouvelle.

Art. 58.

Ces coupons sont nominatifs et ne peuvent être transférés qu'à des actionnaires de la Société déjà possesseurs de coupons ou à la Société elle-même, qui est autorisée dès à présent à vendre ceux qu'elle aura pu acquérir aussi bien que ceux qui lui appartiennent en vertu du dernier paragraphe de l'article précédent, mais seulement à des actionnaires déjà possesseurs de plus de quinze coupons et désirant en réunir un nombre suffisant pour compléter une action entière.

Une délibération du conseil extraordinaire fixera le minimum du prix auquel ces coupons d'actions pourront être vendus et le mode de la vente.

Art. 59.

Aussitôt que le propriétaire d'un ou plusieurs coupons en aura réuni par voie d'acquisition ou autrement un nombre suffisant pour compléter une action entière.

ces coupons seront annulés, et une action nominative sera délivrée en leur lieu et place.

La conversion de tous les coupons en actions entières devra être effectuée dans le délai de trois ans au plus, à partir de la dâte du décret qui aura approuvé les présents Statuts. Ceux desdits coupons qui, après ledit délai, resteraient entre les mains des actionnaires cesseront de leur donner droit aux répartitions de bénéfices et devront être remis à la Société qui sera tenue de les reprendre au prix moyen des ventes ou achats de coupons d'action effectués par elle pendant lesdites trois années. Les coupons dont la Société se trouvera propriétaire à ladite époque seront annulés et remplacés par un nombre correspondant d'actions entières qui pourront être aliénées en vertu d'une délibération du conseil extraordinaire.

Art. 60.

Sont nommés, dès à présent, membres du conseil d'administration de la nouvelle Société, pour en exercer les fonctions pendant trois ans à partir du décret impérial portant approbation des présents Statuts : MM. Hély d'Oissel, Comte de Kersaint, Péan de Saint-Gilles, Pelouze, Boutron, le prince de Broglie, Gérard, Marcellin de Fresne et Brochant de Villiers, administrateurs et censeurs de l'ancienne Société de Saint-Gobain; et MM. Jean-Auguste Chevandier de Valdrôme, baron Antoine Rœderer, Louis-Philippe Desrousseaux de Médrano, et François de Guaita, administrateurs de l'ancienne Société de Saint-Quirin.

Sont pareillement délégués dès à présent pour faire partie du conseil extraordinaire pendant les mêmes trois années, les huit actionnaires dont les noms suivent, savoir : MM. Jean-Jacques de Fresne, Bonnet, de Vergès, Cauchy, Danloux, Meurinne, délégués de l'ancienne Société de Saint-Gobain, et MM. Louis-Charles-Édouard Desrousseaux, administrateur de l'ancienne Société de Saint-Quirin, Cirey et Monthermé, et Charles Fouques Duparc, actionnaire de la même Société.

A l'expiration desdites trois années à partir du décret impérial portant approbation des présents Statuts, un tirage au sort déterminera dans quel ordre les administrateurs et les actionnaires délégués devront cesser leurs fonctions.

Le nombre des administrateurs présentement nommés sera réduit à douze, ainsi qu'il est prescrit en l'art. 20, mais seulement après l'expiration des six premières années de l'entrée en fonction du conseil. A partir de cette époque, il ne sera pas pourvu à la première vacance qui surviendrait dans le conseil par décès.

A l'expiration de la troisième année et tant que le nombre des administrateurs restera de treize, la première série soumise au renouvellement comprendra trois administrateurs.

TITRE XII.

Dispositions générales

ART. 61.

La nouvelle Société est subrogée aux droits et aux obligations des deux anciennes.

ART. 62.

Toutes les difficultés qui pourraient s'élever entre la Société et les sociétaires, leurs héritiers ou autres ayant-droit, relativement aux affaires sociales, seront soumises à la décision d'arbitres, conformément aux dispositions des art. 51 et suivants du Code de commerce.

TABLEAU

DES DROITS DES ACTIONNAIRES DANS LES ANCIENNES SOCIÉTÉS ET DANS LA NOUVELLE

ACTIONNAIRES DE L'ANCIENNE SOCIÉTÉ DE SAINT-GOBAIN

NOMS ET PRÉNOMS	NOMBRE DES ACTIONS de l'ancienne Société	NOMBRE DES ACTIONS de la nouvelle Société	
MM.		Actions	Trentièmes
Aubourg de Boury, Charlotte Thais, veuve dè M. Roger de Gadancourt. (Usufruitière.)	4	8	8
Anzin (Cie propriétaire des mines d').	5	10	10
Arnaud Jeanti, Édouard-Mari.	2	4	4
Anglès (comte d'), François-Ernest.	1	2	2
Aubé de Bracquemont, Ferdinand-François.	1	2	2
Aubé de Bracquemont, Alexandre-Marie.	1	2	2
Boissier, Auguste-Jacques.	10	20	20
Boissier, Pierre-Edmond.	3	6	6
Boissier, Françoise-Clémentine, épouse de M. Ami-Révilliod.	1	2	2
Boissier, Adélaïde, épouse de M. J.-A.-Ch. Gautier.	2	4	4
Boissier, Guillaume-Adolphe.	1	2	2
Brochant, Anne, veuve de M. Jean-Baptiste-Antoine Lambert.	4	8	8
Brochant de Villiers, André-Étienne-Hippolyte.	8	16	16
Brochant de Villiers, Anne-Athanase-Caroline, épouse de M. de Vergès.	4	8	8
Brochant de Villiers, André-Louis-Gustave.	4	8	8
Bodin de Bois-Renard, Gaspard-Constant. (Succession).	1	2	2
A reporter.	52	104	104

NOMS ET PRÉNOMS	NOMBRE DES ACTIONS de l'ancienne Société	NOMBRE DES ACTIONS de la nouvelle Société	
		Actions	Trentièmes
MM. *Report.*	52	104	104
Bochard, Jean, marquis de Champigny.	2	4	4
Beynaguet, comte de Pennautier, Amédée-Guesclin.	4	8	8
Budé (de), Auguste-Jules.	2	4	4
Bonnet, Jules-François-Élisabeth.	5	10	10
Béthisy (marquis de), Alfred-Charles-Gaston.	2	4	4
Butini, Adolphe-Pierre.	1	2	2
Brunier (de), Hippolyte.	1	2	2
Bernay (de), M.-Ch.-Gabrielle Janvre, épouse de M. le comte d'Autichamp.	2	4	4
Bernay (vicomte de), Philippe-Hubert-Ch. Janvre. (Usufruitier.)	2	4	4
Bony (comte de), Alexandre-Étienne-Jean.	3	6	6
Bony (de), Mathilde-Augustine-Alexandrine, épouse de M. le comte de Boisseulh.	2	4	4
Bony (de), Marie-Jean-Marc.	1	2	2
Bony (de), Albert-Alexandre.	2	4	4
Bérenger (marquis de), Raymond-Ismidon-Marie.	2	4	4
Bouchon, Théophile.	1	2	2
Boutron, Antoine-François.	5	10	10
Barbereux, Henriette-Jeanne, veuve de M. Étienne-Janvier Buquet.	2	4	4
Broglie (prince de), Jacques-Victor-Albert.	5	10	10
Bellot (de), épouse Ducheyron du Pavillon, et Mlle de Bellot, propriétaires indivisément.	1	2	2
A reporter.	97	194	194

NOMS ET PRÉNOMS	NOMBRE DES ACTIONS de l'ancienne Société	NOMBRE DES ACTIONS de la nouvelle Société	
		Actions	Trentièmes
MM. *Report.*	97	194	194
Bellot de Buzy, Adrien-Joseph.	3	6	6
Blanchet de La Sablière, Marie-Geneviève-Mathilde, épouse de La Selle.	1	2	2
Blanchet de La Sablière, Marie-Denise-Clémentine, épouse de M. Cauchy.	2	4	4
Bertrand, Émilie, veuve de M. Jean-François Vieusseux. (Usufruitière.)	2	4	4
Bracquemont (de), Jean Sosthene.	1	2	2
Beuquet de Montcla, Marie-Luce, veuve de M. Alfred de Turgot.	1	2	2
Barbier Jouet, Michel-Nicolas.	1	2	2
Chabert (de), Marie-Henriette-Caroline, épouse de M. le chevalier Gaillard de Dananche.	6	12	12
Cousin, Antoine-Adrien. (Succession.)	4	8	8
Castillon (baron de), Marie-Joseph-Raimond-Dieudonné-Maxence. (Succession.)	4	8	8
Caillau, Quentin-Auguste.	3	6	6
Caillau, Henriette-Madeleine, épouse de Pierre-François Templier.	2	4	4
Constant (de), Henriette-Anne-Louise, épouse de M. Ed.-P.-Paul Rigaud.	4	8	8
Cauchy, Alexandre-Laurent.	2	4	4
Colladon, Octavie, épouse de M. A.-G. Vieusseux.	1	2	2
Cottun, Alfred-Hippolyte. (Succession.)	2	4	4
A reporter.	136	272	272

NOMS ET PRÉNOMS	NOMBRE DES ACTIONS de l'ancienne Société	NOMBRE DES ACTIONS de la nouvelle Société	
		Actions	Trentièmes
MM. *Report.*	136	272	272
Cour-Balleroy (marquis de La), Auguste-François Joseph-Pierre.	5	10	10
Caillot de Coqueromont, Marie-Alexandrine, veuve de M. le comte de Bermonville (10 actions dont 6 en usufruit).	10	20	20
Combault de Dampont, Marie-Félicité, veuve de M. Cordier de Sainte-Rose.	12	24	24
Clément, Mathilde, épouse de M. Louis-Auguste Cavalier.	2	4	4
Clément, Pamela-Marie, épouse de M. J.-J.-B.-Ch. Humblot.	1	2	2
Clément, Henri-Horace.	1	2	2
Clément de Blavette, Léon-Victor.	1	2	2
Clément de Blavette, Alexandre–Jean-Ernest.	1	2	2
Clément de Blavette, Alexandre-Paul.	1	2	2
Clément de Blavette, Charles-Henri.	1	2	2
Clément de Blavette, François-Alexandre-Édouard.	1	2	2
Colson, Jean-Baptiste-Édouard-Alexandre.	5	10	10
Charpentier, Jacques-Marie.	1	2	2
Cruger, Angélica, épouse judiciairement séparée de biens de M. le comte de Bastard d'Estang.	3	6	6
Channe (baron de), Auguste-François.	1	2	2
À reporter.	182	364	364

NOMS ET PRÉNOMS	NOMBRE DES ACTIONS de l'ancienne Société	NOMBRE DES ACTIONS de la nouvelle Société	
		Actions	Trentièmes
MM. *Report.*	182	364	364
Charette (de), Armand-Étienne-Henri-Marie, sous la tutelle de sa mère Mme la baronne de Charette.	3	6	6
David, Marie-Virginie-Céleste, épouse de Louis-Guillaume-Nicolas Guérin.	2	4	4
David, Charles-François-Victor Patris.	1	2	2
David, Louis-Charles.	1	2	2
David, Louis-Julien.	1	2	2
Desève, Marie-Héloïse, veuve Jayet, épouse séparée de biens de M. Delafoy.	5	10	10
Desjobert, Eugène. (Succession.)	2	4	4
Desjobert, Élise.	2	4	4
Defresne, Jean-Jacques.	4	8	8
Defresne, Adolphe-Marcellin.	7	14	14
Debrit, Pierre-Marc-Bernardin.	1	2	2
Desavenelle de Grandmaison, Jean-Baptiste-Augustin. (Succession.)	1	2	2
Durey de Noinville (comte de), Bernard-Louis-Joseph.	10	20	20
Durey de Noinville (comte de), Marie-Paul-Gabriel.	3	6	6
Durand d'Auxy, Helène-Marie-Caroline, épouse de M. le comte d'Humières.	4	8	8
Durand d'Auxy, Marie-Josephine-Juliette-Albine, épouse de M. Nugues.	2	4	4
Durand d'Auxy, veuve de M. le baron de Crouzeilles.	3	6	6
A reporter.	234	468	468

NOMS ET PRÉNOMS	NOMBRE DES ACTIONS de l'ancienne Société	NOMBRE DES ACTIONS de la nouvelle Société	
		Actions	Trentièmes
MM. *Report*	234	468	468
Dupuits de Maconex, Marie-Louise-Mathilde, épouse de M. le marquis de Montgon.	2	4	4
Dominicé, Marie, épouse de M. Galissard de Marignac.	4	8	8
Dominicé, Adolphe.	4	8	8
Delalain, Léon.	1	2	2
Delalain, Alfred.	2	4	4
Duchesnay, Marie-Antoinette, veuve Gerbet, épouse en seconde noce de M. Lefèvre.	4	8	8
Danloux-Dumesnil, Guillaume-Joseph.	5	10	10
Desprez, Anne-Louise-Augustine, épouse de M. F.-L.-Ch.-P.P. Huillier.	1	2	2
Desprez, Marie-Julie-Anne, épouse de Froger-Deschènes.	1	2	2
Delaleuf, Felix-Gustave.	4	8	8
Danse-Desaunoy, Charles.	3	6	6
Diodati, Sophie-Élisabeth, veuve de M. Ch.-Léonard Lullin.	3	6	6
Darier, Jacques-Louis, dit John.	2	4	4
Deslyons (baron), Auguste-Jérôme-Marie.	2	4	4
Denormandie, Alexandrine-Félicité, veuve de M. Paul Calley-Saint-Paul.	3	6	6
Dufresne de Beaucourt, Louise-Alexandrine-Éliane, épouse de M. le baron Villequier.	1	2	2
Dufresne de Beaucourt, Louis-Emmanuel-Gaston.	1	2	2
A reporter	277	554	554

NOMS ET PRÉNOMS	NOMBRE DES ACTIONS de l'ancienne Société	NOMBRE DES ACTIONS de la nouvelle Société	
		Actions	Trentièmes
MM. *Report.*	277	554	554
Dufresne de Beaucourt, épouse du baron Villequier, et Dufresne de Beaucourt L.-E.-G. (Conjointement.)	1	2	2
Debonnefoy de Montbazin, Louise-Aimée-Claire, épouse de M. Bothlingk. (Usufruitière.)	1	2	2
Durfort-Civrac (de) de Lorge, marquis de Durfort, Albéric-Louis-Aldonce.	3	6	6
Durfort-Civrac (de) de Lorge, Marie-Régine-Olivie, épouse de M. le marquis de La Roche-Tulon.	1	2	2
Durfort-Civrac (de), comtesse de Lorge, Louise-Alexandrine-Eudoxie.	5	10	10
Dulau d'Allemans, Anne-Marie-Thérèse, et Guy, Armand-Marie-Gaston son frère, (mineurs), propriétaires indivisément sous la tutelle de leur père.	5	10	10
Durfort-Civrac (de) de Lorge, Marie-Laurence-Éléonore, épouse du comte de Colbert. (Usufruitière.)	5	10	10
Durfort-Civrac (de) de Lorge, comte de Durfort, Laurent-Louis-Septime.	5	10	10
Deshommets, Charles-François-Émeric, marquis de Martainville.	2	4	4
Demôle, François-André.	1	2	2
Delessert, François-Marie.	1	2	2
Estourmel (marquis de), Louis-Henri.	2	4	4
A reporter.	309	618	618

NOMS ET PRÉNOMS	NOMBRE DES ACTIONS de l'ancienne Société	NOMBRE DES ACTIONS de la nouvelle Société	
		Actions	Trentièmes
MM. *Report*.	309	618	618
Estourmel (d'), Alphonsine-Marie Azalaïs, épouse de Joseph-Louis-Camille Baupoil, marquis de Saint-Aulaire.	1	2	2
Favre, François-Edmond.	5	10	10
Favre, Jean-Alphonse.	5	10	10
Favre, Jeanne-Marie-Émilie, épouse de M. Auguste-Emmanuel Turrettini.	4	8	8
Franchet, Catherine-Marie, veuve de M. Jacques-Denis Charpentier.	3	6	6
Fatio, Jacques-Gustave.	3	6	6
Fatio, Louise-Victoire-Marie, veuve de M. Pierre-André-Georges-Pirame Maurice.	1	2	2
Fabri, Charlotte-Conradine, épouse de M. Jacques-Germain Boissier de Pressy.	1	2	2
Fabri, Charlotte, veuve de M. Horace Boissier.	6	12	12
Fabri, Antoinette-Marie, épouse de M. Pierre-Louis Dunant.	1	2	2
Fabri, Jeanne-Louise, veuve de M. Léon-Victor Kunkler.	2	4	4
Fournier, Pierre-André.	1	2	2
Fleschères (de La), Charles.	1	2	2
Fontaine (de), Adèle-Narcisse, veuve de l'amiral de Rigny.	5	10	10
Frossard de Sangy, Jean-Alfred.	1	2	2
A reporter.	349	698	698

NOMS ET PRÉNOMS	NOMBRE DES ACTIONS de l'ancienne Société	NOMBRE DES ACTIONS de la nouvelle Société	
		Actions	Trentièmes
MM. *Report.*	349	698	698
Gallatin, Jeanne-Marie, épouse de M. Albert Achard.	3	6	6
Gallatin, Caroline-Louise-Suzanne, épouse de M. Ch. Barde.	2	4	4
Gallatin, Antoinette-Jeanne-Marguerite-Caroline, épouse de M. Dunant.	2	4	4
Gallatin, Pauline-Élisabeth-Mathilde, épouse de M. L.-Albert Sales.	5	10	10
Grosourdy de Saint-Pierre, César-Gédéon-Ernest.	4	8	8
Grosourdy de Saint-Pierre, Louise-Charlotte-Eudoxie, épouse du baron de Villéfosse.	2	4	4
Grosourdy de Saint-Pierre, Charlotte-Amélie, épouse de M. le comte de Chamoy.	4	8	8
Grosourdy de Saint-Pierre, Louis-Adolphe-Anatole.	2	4	4
Grand d'Hauteville, Paul-Daniel-Gonzalve.	2	4	4
Grand d'Hauteville, Louis-Ferdinand-Léonce.	2	4	4
Guillaume, Marguerite, veuve Millon. (Succession.)	4	8	8
Gérard, Alexandre-Louis-Marie.	8	16	16
Gérard, Alexandre-Léon.	8	16	16
Gauthier, baron de Charnacé, Nicolas-Marie-Edmond.	2	4	4
Gautier, Jean-Alfred.	1	2	2
Gautier, Jean-Antoine-Charles.	1	2	2
Gautier, Constance, épouse de Louis Achard.	1	2	2
Guibourg, Auguste-Robert.	2	4	4
A reporter.	404	808	808

NOMS ET PRÉNOMS	NOMBRE DES ACTIONS de l'ancienne Société	NOMBRE DES ACTIONS de la nouvelle Société	
		Actions	Trentièmes
MM. *Report*	404	808	808
Gervain (de), Marie-Léontine, épouse de M. Charles-Raymond Numa de Védrines.	2	4	4
Gueulluy de Rumigny, Marie-Esther, veuve du comte Durey de Noinville, Alphonse-Paul-François.	3	6	6
Girardot (de), Victoire-Clara, épouse d'Augustin-Laurent Michel.	1	2	2
Girardot (de), baron Auguste-Théodore.	1	2	2
Grenier, Jules-Prosper-Alfred.	2	4	4
Glandaz, Antoine-Sigismond.	1	2	2
Héricard-Ferrand (vicomte), Louis-Élisabeth.	2	4	4
Hentsch de Chastel, Isaac.	3	6	6
Hély d'Oissel (baron), Frédéric-Victor.	4	8	8
Hély d'Oissel, Antoine-Pierre.	12	24	24
Hély d'Oissel, Marie-Gabriel-Arthur.	9	18	18
Herson, Alexandre-Louis.	7	14	14
Hugues de La Garde, G.-J.-J.-Marie, épouse contractuellement séparée de biens du comte de Montjulin.	4	8	8
Huillier, François-Louis-Charles-Pierre-Paul.	3	6	6
Harchies (de), Euphémie-Théodora-Valentine, épouse en seconde noce de M. le duc de Montmorency.	2	4	4
Hannotin-Millon.	2	4	4
Huet de Froberville, Marie-Madeleine-Thérèse-Adélaïde.	1	2	2
Jouanne, Jean-Maurice.	1	2	2
Jouanne, Louise-Amélie, épouse de M. Bajat.	1	2	2
A reporter	465	930	930

NOMS ET PRÉNOMS	NOMBRE DES ACTIONS de l'ancienne Société	NOMBRE DES ACTIONS de la nouvelle Société	
		Actions	Trentièmes
MM. *Report.*	465	930	930
Jouanne, Jeanne-Octavie, épouse de M. Joseph-François-Léon Mauljean.	1	2	2
Jouet, Madeleine-Euphrasie, épouse d'Auguste Chomel.	4	8	8
Jouet, Charles-Frédéric.	4	8	8
Jouet, Marie-Adélaïde, épouse de Michel-Nicolas Barbier.	7	14	14
Jacquet, Françoise-Catherine-Caroline, épouse de M. Moricand.	4	8	8
Jacquet, Françoise-Joséphine-Delphine, épouse de M. Jules-Étienne Morin.	4	8	8
Jacobé de Naurois, Gabriel.	3	6	6
Jacobé de Naurois, Gabriel-Paulin.	4	8	8
Jacobé de Naurois, Auguste-Louis.	5	10	10
Jacobé de Naurois, Élisabeth-Gabrielle-Laure, épouse de M. Rivals-Mazères	3	6	6
Jacobé de Naurois, Charles-Hippolyte.	1	2	2
Jacobé de Naurois (Gabriel) et Jacobé de Naurois (Auguste-Louis), conjointement.	1	2	2
Junquières (de), Clémence-Félicie, veuve de Charles Hastier de Jollivette.	1	2	2
Kesler, Louise-Joséphine, épouse contractuellement séparée de biens de M. Bouge.	1	2	2
Kunkler, Jeanne-Victoire-Laure, épouse de Alphonse-L.-P. Pyramus de Candolle.	1	2	2
A reporter. . .	509	1018	1018

NOMS ET PRÉNOMS	NOMBRE DES ACTIONS de l'ancienne Société	NOMBRE DES ACTIONS de la nouvelle Société	
		Actions	Trentièmes
MM. *Report*.	509	1018	1018
Kunkler, Anne-Henriette-Gasparine-Adélaïde, veuve de M. L.-E. deBudé.	2	4	4
Leconte, Charlotte-Élisabeth-Adélaïde, veuve de M. Alex.-Sébastien Gérard.	10	20	20
Letellier, Catherine-Louise-Charlotte, veuve de M. Benoît Fouques du Parc.	12	24	24
Letellier, Modeste, veuve de M. James-L. Loyd, actuellement épouse de M. Ballet.	4	8	8
Letellier, Jeanne-Augustine-Agathe, veuve de M. Claude-Henri Houet. (Interdite.)	2	4	4
Legras, François-Louis. (Succession.)	2	4	4
Lombard, Odier et Cie.	1	2	2
Lepage d'Arbigny, Anne-Elvire-Antoinette, épouse de M. Motta.	1	2	2
Lucot, Marie-Catherine-Sophie, veuve de M. Jacques-Charles Jouet.	12	24	24
Lambert, François-Marie.	4	8	8
Lambert, Marie-Julie, veuve de M. A.-B.-J. de Pétigny.	4	8	8
Lapasse (de), Marie-Agathe-Antoinette, épouse de M. de La Bourbonnaye.	4	8	8
Lighton, Wilhelmine, veuve de M Claude-Philippe-Edmond, baron Mounier.	3	6	6
A reporter.	570	1140	1140

NOMS ET PRÉNOMS	NOMBRE DES ACTIONS de l'ancienne Société	NOMBRE DES ACTIONS de la nouvelle Société	
		Actions	Trentièmes
MM. *Report.*	570	1140	1140
Laisné, Augustine-Françoise-Zélie, épouse de M. Jules-Victor Froger-Deschesnes.	2	4	4
Laurent de Villedeuil, Angélique-Charlotte, épouse de M. le marquis de Vésins.	4	8	8
Lacelle (de), Louise, veuve de M. Barthon de Montbas.	1	2	2
Lemerchier, Caroline-Jeanne-Thérèse, épouse de M. L.-Ch. Gaudefroy.	1	2	2
Leroy, comte de Valanglart, Jean-Marie-Louis-Ernest.	2	4	4
Leroy, comte de Valanglart, Anatole-M.-J.B.	2	4	4
Lullin, Henri-Amédée.	1	2	2
Lullin, Amédée-Charles.	1	2	2
Lefort, Jean-Louis.	1	2	2
Labart, Pierre-Denis-Auguste.	1	2	2
Ledien, Firmin-Eugène.	1	2	2
Lambertye (de), Marie-Joseph-Edmond (mineur); de Lambertye, Marie-Fernand (mineur); de Lambertye, comte de Tornicles, Stanislas-L.-Alfred-Camille, et de Lambertye, M.-Charles-Auguste-Ernest, frères germains (collectivement).	1	2	2
Lefébure de Vanoise, Jeanne-Scolastique.	1	2	2
Menou (de), Ludovic-Marie-Magloire.	2	4	4
Menou (de), Marie-Zénobie-Philippine-Juliette, épouse de M. de Menou du Mée.	2	4	4
A reporter.	593	1186	1186

NOMS ET PRÉNOMS	NOMBRE DES ACTIONS de l'ancienne Société	NOMBRE DES ACTIONS de la nouvelle Société	
		Actions	Trentièmes
MM. Report.	593	1186	1186
Menou (de), Juliette-Marie-Louise-Françoise.	2	4	4
Menou (de), Paul-Marie-Joseph.	2	4	4
Menou (de), Emmanuel-Marie-Philippe.	2	4	4
Menou (comte de), Maximilien-Louis-Gaspard.	4	8	8
Montmorency (de), Éléonore-Anne Pulchérie, veuve de M. le marquis de Mortemart.	17	34	34
Montmorency (de), Anne-Élisabeth-Laurence, veuve de M. le prince de Beaufremont.	4	8	8
Montmorency (de), Anne-Sydonie-Joséphine-Marie, épouse de M. le comte de La Chastre.	5	10	10
Montmorency (de), Anne-Élie-Marie-Amélie, épouse de M. le marquis de Biencourt.	4	8	8
Montmorency (de), épouse de M. le comte de La Chastre, et Mme la marquise de Biencourt (conjointement).	1	2	2
Montmorency (de), Anne-Charlotte-Marie-Henriette, épouse de M. de Cossé, comte de Brissac.	2	4	4
Monginot (de), Marie-Antoinette-Justine, veuve de M. le vicomte de Beaurecueil. (Communauté non liquidée.)	2	4	4
Monginot (de), Marie-Antoinette-Justine, veuve de M. le vicomte de Beaurecueil.	2	4	4
Machault d'Arnouville (comte de), Jean-Baptiste.	6	12	12
A reporter.	646	1292	1292

NOMS ET PRÉNOMS	NOMBRE DES ACTIONS de l'ancienne Société	NOMBRE DES ACTIONS de la nouvelle Société	
		Actions	Tren ièmes
MM. Report.	646	1292	1292
Machault d'Arnouville, Geneviève-Françoise-Aglaée, veuve du comte de Choiseul-Daillecour.	4	8	8
Machault (de), Henriette, épouse de M. Léonce-Louis-Melchior, marquis de Vogué.	12	24	24
Meurinne, Charles-Louis-Gustave.	6	12	12
Mortier, Anne-Louis-Alexandre.	4	8	8
Minard, Charles-Joseph.	2	4	4
Micheli, Louise-Pauline, épouse de M. Pierre Pictet.	4	8	8
Micheli, Pierre-Horace-Hermann.	2	4	4
Mallet, Jean-Georges.	4	8	8
Millon, Claude.	3	6	6
Moncel (comte du), Alexandre-Henri Adeodat.	1	2	2
Morin, Pierre-Théodore. (Succession.)	1	2	2
Mauduit de Kerlivio, Marie-G.-Jeanne, Marie-Germanie-Ch.-Alexandre, mineurs, propriétaires indivisément sous la tutelle de leur mère.	1	2	2
Mauduit de Kerlivio, Jean-César.	1	2	2
Marcet-Beaumont, François.	2	4	4
Montbrison (comte de), Armand-Maurice Léon de Bernard.	1	2	2
Meyronnet (de), Pauline-Nathalie-Henriette, épouse de M. le marquis de Gourgues.	1	2	2
Marignac (de), Joseph Galissard.	1	2	2
A reporter.	696	1392	1392

NOMS ET PRÉNOMS	NOMBRE DES ACTIONS de l'ancienne Société	NOMBRE DES ACTIONS de la nouvelle Société	
		Actions	Trentièmes
MM. *Report*.	696	1392	1392
Monteret, Geneviève-Élisa, veuve de Jean-Guillaume Avit.	2	4	4
Monteret, Virginie, épouse de M. Pierre-Marie Boudaille	1	2	2
Monteret, Zoé, veuve Paris, actuellement épouse séparée de biens de M. Mouren.	1	2	2
Marracci, Gaspard-Élie.	4	8	8
Mons (de) de Saurenbach de Staël-Holstein, Marie-A.-Eugénie, veuve de M. de Jennings.	5	10	10
Mérigot de Sainte-Fère, Philippine-Victoire-Pauline, veuve de M. Pierre-Alexandre vicomte de Malézieu.	15	30	30
Maurice, Frédéric-Alexandre, mineur sous la tutelle de M. J.-Ch. Sarazin.	3	6	6
Marescot (de), Augustine-Julie-Sophie, veuve de M. le comte Émile-Auguste de Querhoent.	2	4	4
Melly (de), Marie-Henriette, épouse de M. Ernest Saladin.	1	2	2
Moysen, Charles-Henri-Louis.	1	2	2
Mounier (baron), Édouard.	1	2	2
Naville, Jacques-Adrien.	1	2	2
Necker, Louis-Albert.	1	2	2
Naville, Henriette-Blanche, épouse de M. Lefort.	1	2	2
A reporter.	735	1470	1470

NOMS ET PRÉNOMS	NOMBRE DES ACTIONS de l'ancienne Société	NOMBRE DES ACTIONS de la nouvelle Société	
		Actions	Trentièmes
MM. *Report*	735	1470	1470
Noailles (comte de), Alfred-Louis-Marie.	2	4	4
Noailles (de), Marie-Cécile-Adrienne, décédée, épouse de Raimond, vicomte de Nicolaï. (Succession.)	4	8	8
Parcieu (de), Adrienne-Charlotte-Mathilde Regnault, épouse de Pelletier de La Garde.	1	2	2
Picot, Jacques-Gédéon-Georges.	1	2	2
Picot, Jean-Adrien.	1	2	2
Picot, Pierre-Eugène.	1	2	2
Potrellot-Grillon, Marie-Madeleine-Cécile, épouse de M. Viénot de Vaublanc.	4	8	8
Poullain, Gilbert-Damiens. (Succession.)	5	10	10
Perthuis (de), Adelaïde-Pauline, veuve de M. le comte de Charpin.	3	6	6
Perthuis (de), César-Lucien-Édouard et Mme la comtesse de Charpin. (Collectivement.)	1	2	2
Perthuis (vicomte de), Hippolyte-Hilaire.	3	6	6
Péan de Saint-Gilles, Amand-Louis-Henri.	6	12	12
Perdriau, Louise-Henriette, épouse de M. Horace, Louis Micheli.	7	14	14
Périni (de), Catherine, veuve de M. Laurent Biett.	1	2	2
Perrin de Cypierre, veuve de M. d'Auteuil, épouse en seconde noce de M. le duc de Vicence.	1	2	2
A reporter	776	1552	1552

NOMS ET PRÉNOMS	NOMBRE DES ACTIONS de l'ancienne Société	NOMBRE DES ACTIONS de la nouvelle Société	
		Actions	Trentièmes
MM. *Report.*	770	1552	1552
Perrin de Cypierre, Jeanne-Thomassine-Éliane, épouse du marquis de Montesquiou-Fezenzac.	1	2	2
Patin, Marie-Claire-Henriette. (Mineure émancipée.)	1	2	2
Patin, Louis-Joseph-Alphonse.	1	2	2
Patin, Gabrielle-Juliette. (Mineurs sous la tutelle de M. Patin leur oncle.)	1	2	2
Patin, Blanche-Marguerite.	1	2	2
Pelouze, Théophile-Jules.	5	10	10
Plantamour, Pauline, épouse de M. David-Jacob Duval.	1	2	2
Plantamour, Émile.	1	2	2
Plantamour, Marie, épouse de M. Edmond-Félix Mallet.	1	2	2
Plantamour, Philippe.	1	2	2
Pictet, Édouard-Louis-François.	1	2	2
Poisson, Jean-Baptiste-Gabriel.	2	4	4
Perrier, Joseph.	4	8	8
Perrier, Pierre-Louis-Alfred.	2	4	4
Rohan-Chabot (duc de), Louis-François-Auguste, archevêque de Besançon. (Succession.)	4	8	8
Rohan-Chabot (duc de), Anne-Louis-Fernand (6 actions dont 2 en usufruit.)	6	12	12
Rohan-Chabot (de), Anne-Louise-Emma-Zoé-Clémentine, décédée, veuve de M. le comte d'Estourmel. (Succession.)	4	8	8
A reporter.	813	1626	1626

NOMS ET PRÉNOMS	NOMBRE DES ACTIONS de l'ancienne Société	NOMBRE DES ACTIONS de la nouvelle Société	
		Actions	Trentièmes
MM. *Report*.	813	1626	1626
Rohan-Chabot (de), Marie-Célestine-Léontine, décédée, épouse de M. le marquis de Gerbevillers. (Succession.)	4	8	8
Rohan-Chabot (comte de), Louis-Ch.-Philippe-Henri Gérard.	2	4	4
Rohan-Chabot (de), Adélaïde-Henriette-Antoinette-Stéphanie, veuve du comte de Gontaut-Biron.	1	2	2
Rilliet, Jeanne-Robertine, veuve de M. le marquis d'Orvilliers.	8	16	16
Rilliet, Auguste-Guillaume-Jacques, dit Gustave.	4	8	8
Rilliet, Anne-Louise-Catherine.	1	2	2
Régnier, François.	4	8	8
Rouen de Bermonville, Marie-Amable-Antonie, épouse séparée de biens du marquis de Lussac.	5	10	10
Roger de Gadancourt, Françoise-Mathilde, épouse de M. Aubourg de Boury.	4	8	8
Riencourt (comte de), Roger-Philippe-Marie-Adrien.	4	8	8
Rive (de La), Arthur-Auguste.	6	12	12
Rive (de La), Eugène.	5	10	10
Rive (de La), Charles-Lucien, mineur sous la tutelle de M. Arthur-Auguste de La Rive, son père.	3	6	6
Rive (de La), Jeanne-Élisabeth, épouse de Pierre-Adolphe Butini.	1	2	2
A reporter.	865	1730	1730

NOMS ET PRÉNOMS	NOMBRE DES ACTIONS de l'ancienne Société	NOMBRE DES ACTIONS de la nouvelle Société	
		Actions	Trentièmes
MM. *Report*	865	1730	1730
Rive (de la), Théodore-George.	1	2	2
Rive (de la), Éléonore-Suzanne-Jacqueline, épouse de Jules-François Pictet.	2	4	4
Rive (de la), Jeanne-Adèle, épouse Tronchin.	3	6	6
Rive (de la), Wilhiam.	5	10	10
Rochefontenilles (marquis de la), Adelaïde-Honoré-César.	6	12	12
Rive (de la), Caroline-Marie.	2	4	4
Réaulx (marquis des), Alphonse-Charles-Maximilien.	4	8	8
Rigaud, Edmond-Pierre-Paul.	2	4	4
Rigaud, Sophie, épouse de M. Jacques-Adrien Naville.	2	4	4
Rigaud, Henriette-Julie, épouse de Jean-Alph. Favre.	2	4	4
Rigaud, Sophie-Marie-Émilie, épouse de Jean-Charles Sarazin.	3	6	6
Rossane (de), Rose, épouse de M. Lemercier de Maisoncelle-Vertille de Richemont.	2	4	4
Rossane (de), Suzanne-Élisabeth, et Mme Ducausé de Nazelle, épouse de Ternes (conjointement).	2	4	4
Régel (de), Pierre-Louis-Stanislas.	1	2	2
Rojot, Geneviève-Marie-Joséphine, veuve de Joseph-Louis Gay-Lussac (5 actions dont 3 en usufruit).	5	10	10
Roëttiers de Montaleau, Julie-Justine, veuve de M. Gondoin-Saint-Agnan.	1	2	2
A reporter	908	1816	1816

NOMS ET PRÉNONS	NOMBRE DES ACTIONS de l'ancienne Société	NOMBRE DES ACTIONS de la nouvelle Société	
		Actions	Trentièmes
MM. *Report*	908	1816	1816
Renwez, Vincent.	2	4	4
Robin, Auguste-Louis.	3	6	6
Saladin, Charlotte-Ariane, veuve de M. de Courval, actuellement épouse de M. Huber.	8	16	16
Saladin, Adrienne-Élisabeth-Charlotte, épouse de M. A.-Charles-Guillaume Saladin.	12	24	24
Saladin, Adélaïde-Marie, épouse de M. Ch.-François-Réné-Louis Turrettini.	5	10	10
Saladin, Caroline-Isaline, épouse de M. André-Jules-Pierre Naville.	$3 \frac{457}{1000}$	7	7
Saladin, Ariane-Augusta, épouse de M. Berthoud Van Berchem.	5	10	10
Saladin, Louise, épouse de M. François-Théodore Plantamour.	1	2	2
Sarazin, Anne-Frédéric-Maurice.	2	4	4
Sarazin, Horace-Paul-Édouard.	5	10	10
Ségur-Cabanac (de), Marie-Henriette-Eugénie.	3	6	6
Senn, François-Louis.	1	2	2
Serreau, Marie-Alexandrine, épouse de M. Mathieu-Robert.	2	4	4
Serreau, Adélaïde-Antoinette-Jeanne, veuve de M. Ch. Goulet.	3	6	6
Saussure (de), Alphonse-Jean-François (usufruitier).	1	2	2
A reporter	$964 \frac{457}{1000}$	1929	1929

NOMS ET PRÉNOMS	NOMBRE DES ACTIONS de l'ancienne Société	NOMBRE DES ACTIONS de la nouvelle Société	
		Actions	Trentièmes
MM. Report	964 $\frac{457}{1000}$	1929	1929
Saussure (de), Horace-René-Théodore.	2	4	4
Saussure (de), Henri-Frédéric (mineur).	3	6	6
Sainte-Colombe (de), Charlotte-Ermance.	1	2	2
Sainte-Colombe (de), Madeleine-Célestine, épouse de M. de Guippeville.	1	2	2
Sellon, Eugénie-Julie-Victoire-Amélie, épouse de M. Charles-François Révilliod.	2	4	4
Sellon, Hortense.	2	4	4
Sellon, Jeanne-Marie-Valentine.	2	4	4
Serruzier, Marie-Joséphine-Éléonore, veuve Houzeau, actuellement épouse de M. Raynier.	2	4	4
Salaberry (de), Anne-Louise-Caroline d'Irrumbery, épouse de M. de Lavau.	13	26	26
Salaberry (comte de), Louis-François-Georges-Erhard d'Irrumbery.	2	4	4
Sachy de Saint-Aurin, Marie-Béatrix-Ursule, épouse de M. le comte de Vauvineux.	1	2	2
Schérer (de), Émile.	2	4	4
Sévin, Henriette-Catherine-Jacqueline, veuve du baron de Girardot, épouse en seconde noce de M. le comte du Puy.	2	4	4
Turrettini, Anne-Charles-Gaspard.	2	4	4
Turrettini, Charles-Louis-Vilhiam.	1	2	2
A reporter	1002 $\frac{457}{1000}$	2005	2005

NOMS ET PRÉNOMS	NOMBRE DES ACTIONS de l'ancienne Société	NOMBRE DES ACTIONS de la nouvelle Société	
		Actions	Trentièmes
MM. *Report.*	1002 $\frac{457}{1000}$	2005	2005
Turrettini, Auguste-Emmanuel.	1	2	2
Turrettini, Caroline-Hélène; Turrettini, Françoise-Sophie; Turrettini, François-Auguste, mineurs conjoints sous la tutelle de leur père, Charles-Louis-Vilhiam Turrettini.	2	4	4
Taillevis de Jupeaux, Marie-Charlotte, veuve de M. le comte de Gomer.	4	8	8
Taillevis de Jupeaux, Marie-Louise-Rose, épouse de Louis-Victor-Gédéon de La Marlier.	1	2	2
Taillevis de Jupeaux, Anne-Pauline, veuve de Jacques-Joseph de La Roque.	1	2	2
Télinge, Marie-Anne-Félicité-Perpétue, épouse de Louis-Pierre-François Antiq	1	2	2
Télinge, Marie-Virginie, veuve de M. Louis-Jean Pilleux.	1	2	2
Télinge, Charles-Jean. (Succession.)	1	2	2
Thureau-Dangin, Nicolas-Marie-Édouard.	2	4	4
Trémault (baron de), Auguste-Marie-Denis.	3	6	6
Tramblay (du), Marie-Laure, épouse de M. le comte de Kersaint.	6	12	12
Tramblay (du), Jules-Alfred.	6	12	12
Trembley, Donat-Louis-Jean.	10	20	20
A reporter.	1041 $\frac{457}{1000}$	2083	2083

NOMS ET PRÉNOMS	NOMBRE DES ACTIONS de l'ancienne Société	NOMBRE DES ACTIONS de la nouvelle Société	
		Actions	Trentièmes
MM. *Report.*	1041 $\frac{457}{1000}$	2083	2083
Thélusson (de), épouse du comte d'Esnos; de Thélusson, épouse du comte de La Roche-Lambert; de Thélusson, épouse de M. Lenormand de Flagheac; de Thélusson, épouse de M. le marquis de Vaulserre. (Conjointement.)	3	6	6
Tripier, Michelle-Françoise-Amélie, veuve de M. Antoine-François Mala.	1	2	2
Thierry, Edme-Adrien.	2	4	4
Thierry, Suzanne - Claudine - Nathalie, épouse de Nicolas-Eugène-André.	2	4	4
Tilly (de), Françoise-Thérèse-Octavie, veuve d'Antoine-Charles-Guillaume-Victor du Pont, marquis de Compiègne. (Usufruitière.)	3	6	6
Tilly (de), Henriette-Zélia-Mathilde, épouse de Em.-L.-Ch.-J. Marie de Grassoles, marquis de Flamarens.	5	10	10
Vallet, Louise-Marie-Félicité, veuve de M. Ch.-François Fougeron. (Succession.)	4	8	8
Velay, Jean-Barthélemy-Charles-André.	8	16	16
Vienot de Vaublanc, André.	2	4	4
Vauvineux (comte de), Charles-Albert-Gaston de Pollier.	10	20	20
Vieusseux, Amélie-L., veuve d'André-Frédéric Puerari.	2	4	4
Vincent, Antoine-Louis-François.	5	10	10
À reporter.	1088 $\frac{487}{1000}$	2177	2177

NOMS ET PRÉNOMS	NOMBRE DES ACTIONS de l'ancienne Société	NOMBRE DES ACTIONS de la nouvelle Société	
		Actions	Trentièmes
MM. *Report.*	$1088\ \frac{487}{1000}$	2177	2177
Vanin de Courville, Élisabeth-Amélie, veuve de M. Gautier, baron de Charnacé.	4	8	8
Vincent, Françoise-Élisabeth, épouse judiciairement séparée de biens de M. Poyet.	3	6	6
Virvaux, Colombe-Françoise-Laure, épouse de M. Ch. Delafléchères.	10	20	20
Vanin de Courville, Charles-Hyppolyte.	1	2	2
Vuyart, Joseph-Abel.	2	4	4
Villot, Marie-Joseph-Frédéric.	1	2	2
Vallée, Marie-Anne, veuve de Jean-Charles Franchet. (Usufruitière.)	2	4	4
Verthamon, Marie-Angélique-Joséphine-Eudoxie, veuve de Bernard-David-Marie de Martin de Tyrac, vicomte de Marcellus.	1	2	2
	$1112\ \frac{487}{1000}$	2225	2225
Société (la).	$39\ \frac{543}{1000}$	79[1]	
	1152	2304	2225
			145
Totaux.	1152	2304	2370

(1) Nota. — Chacune de ces 79 actions doit être divisée en trente coupons pour être distribués aux intéressés de l'ancienne Société de Saint-Gobain; le nombre total des coupons étant de. 2370

Celui des coupons à distribuer s'élevant comme ci-dessus à. 2225

Il en restera à la souche. . . 145 ci . . . .

ACTIONNAIRES DE L'ANCIENNE SOCIÉTÉ DE SAINT-QUIRIN, CIREY ET MONTHERMÉ

NOMS ET PRÉNOMS	NOMBRE DES ACTIONS de l'ancienne Société	NOMBRE DES ACTIONS de la nouvelle Société	
		Actions	Trentièmes
MM.			
De Guaita, François-Marie-Joseph-Étienne.	82	82	
De Guaita, Adèle.	70	70	
Le baron Gourgaud, Louis-Marie-Napoléon-Hélène.	70	70	
Desrousseaux de Medrano, Louis-Philippe.	60	60	
R. de Mesny, née de Guaita, Pauline.	60	60	
Desrousseaux, Louis-Charles-Édouard.	46	46	
Le baron Rœderer, Antoine-Marie.	35	35	
Chevandier, Jean-Auguste.	30	30	
La comtesse Rœderer de Corcelle, Blanche.	30	30	
Desrousseaux, Henri-François-Xavier.	24	24	
La baronne de Wendland, née Louise Vieède.	21	21	
Desrousseaux, Charles-Auguste-Adolphe.	20	20	
Le vicomte de Failly, Gustave.	20	20	
Le baron Mariani, Joseph-Louis-Thomas-Maurice-Jérôme.	20	20	
Moysen, Charles-Henri-Louis.	18	18	
Le comte Rœderer, Pierre-Louis.	$17\frac{1}{2}$	$17\frac{1}{2}$	
De Barberey, Maurice-Ferdinand.	$17\frac{1}{2}$	$17\frac{1}{2}$	
Le vicomte Rœderer, Claude-Louis.	$17\frac{1}{2}$	$17\frac{1}{2}$	
Le marquis de Ferrière Le Vayer.	$17\frac{1}{2}$	$17\frac{1}{2}$	
A reporter.	676	676	

NOMS ET PRÉNOMS	NOMBRE DES ACTIONS de l'ancienne Société	NOMBRE DES ACTIONS de la nouvelle Société	
		Actions	Translième
MM. Report.	676	676	
Chevandier, Georges-François-Auguste.	15	15	
Chevandier, Jean-Pierre-Eugène-Napoléon.	15	15	
Delarue, Charles.	15	15	
Chevandier, Paul.	10	10	
Le baron Husson de Prailly.	10	10	
De Guaita, Paul-François.	10	10	
Duparc, Charles Foucques.	10	10	
Gagneur, Frédéric.	10	10	
De Metz.	10	10	
Le baron de Lamotte, Charles.	10	10	
Hermite, Victor.	10	10	
Elie, Jean-Baptiste-Sébastien.	10	10	
De Bracquemont, Jean-Sosthène.	8	8	
Le comte de Narp, Auguste.	8	8	
Delarue, Alfred.	6	6	
Mercier, Thomas-Louis.	5	5	
Mercier, née Rœderer, Alexandrine-Thérése.	5	5	
Le comte de Roffignac, Ferdinand.	5	5	
La comtesse de Roffignac, née Rœderer, Alexandrine-Marie-Élisabeth.	5	5	
Charles Delarue, née Rœderer, Marthe-Louise-Pauline.	5	5	
Amstem, née Rœderer, Louise-Joséphine-Jeanne.	5	5	
Vidal de Lery, Charles.	5	5	
A reporter.	868	868	

NOMS ET PRÉNOMS	NOMBRE DES ACTIONS de l'ancienne Société	NOMBRE DES ACTIONS de la nouvelle Société	
		Actions	Treutièmes
MM. *Report.*	868	868	
Bellot.	5	5	
Lacroix-Saint-Pierre.	5	5	
Duc de Galliera, Raphaël de Ferrière.	5	5	
De Saudin, Antoiné-Gabrielle-Charles.	5	5	
Veuve Finot, née Cugnotel, Marie-Françoise.	5	5	
Claude, Sébastien-Constant.	5	5	
Hermite, Charles.	5	5	
Comtesse de Fiennes.	5	5	
Castillon, Pierre-François-Auguste.	4	4	
Duverdier, Clément-Casimir.	4	4	
Quintard, Simon-Victor.	4	4	
Honoré, Alfred-Louis.	4	4	
Dulong de Rosnay, Gabriel-Étienne.	3	3	
Roulez, Hector-François-Joseph.	3	3	
Paquet, Adrien.	3	3	
Paquet, Claude-Joseph-Henri.	3	3	
Parizot, Aimé.	3	3	
Le comte de Montbrison, Armand-Maurice.	2	2	
De Nauroy.	2	2	
Foache, née Giovanelli, Marie-Élisabeth.	2	2	
De Bonardi du Ménil.	2	2	
Bonjean (veuve), née de Jaudin.	2	2	
Bernard, Auguste.	2	2	
À reporter.	951	951	

NOMS ET PRÉNOMS	NOMBRE DES ACTIONS de l'ancienne Société	NOMBRE DES ACTIONS de la nouvelle Société	
		Actions	Trentièmes
MM. Report	951	951	
Le baron de Channe, Auguste-François.	2	2	
Jaudin, Bernard.	1	1	
Lamoureux, Charles.	1	1	
De Bonardi du Ménil.	1	1	
Dominique, Simon-François.	1	1	
Gueny.	1	1	
Théron.	1	1	
Naudin, Catherine-Louise.	1	1	
	960	960	

RÉSUMÉ.

—∞—

	NOMBRE DES ACTIONS de l'ancienne Société	NOMBRE DES ACTIONS de la nouvelle Société	
Actionnaires de l'ancienne Société de Saint-Gobain.	1152	2304	
Id. de l'ancienne Société de Saint-Quirin, Cirey et Monthermé.	960	960	
Actions restant à la souche.	»	336	
Total des actions de la nouvelle Société.		3600